Mais pourquoi toutes ces personnes assises sur moi à discuter avec une truite molle de cinquante pieds?

ALLEN GINSBERG

Merci à Iris et à Éric Bouchard pour leurs précieux conseils en forme de cheveux coupés en huit et à Luc Bossé pour sa patience monastique et ses cannes de Corona.

Au poète centresudesque Denis Vanier, qui habitait juste au-dessus du centre de l'Univers.

Chroniques du Centre-Sud

© Éditions Pow Pow. © Richard Beaulieu. Tous droits réservés, 2014.
Montréal (Québec) Canada

Révision : Judith Langevin et David Rancourt

Dépôt légal – 1er trimestre 2014
Bibliothèque et Archives nationales du Québec
Bibliothèque et Archives Canada
ISBN 978-2-924049-14-3

 Conseil des arts Canada Council
du Canada   for the Arts

Nous remercions le Conseil des arts du Canada de son soutien. L'an dernier, le Conseil a investi 157 millions de dollars pour mettre de l'art dans la vie des Canadiennes et des Canadiens de tout le pays.

We acknowledge the support of the Canada Council for the Arts, which last year invested $157 million to bring the arts to Canadians throughout the country.

www.editionspowpow.com

RICHARD SUICIDE

WILLIAM PARANO

CHRONIQUES DU Centre sud

POW POW

Le centre de l'univers

C'EST LE MARCHÉ AMI. ON APPELLE ÇA AUSSI "CHEZ LE CHINOIS" VU
QU'IL VIENT PROBABLEMENT DU DANEMARK, OU DE PAS LOIN DE LÀ.
LA PLACE FAIT UN PEU CHEAP, MAIS ÇA DÉPANNE AU MAX VU QUE
C'EST TOUT PRÈS. ON Y TROUVE TOUT CE
QU'ON A BESOIN: DES LÉGUMES UN PEU
MOUS, DU YOGOURT PASSÉ DATE ET DE LA
BIÈRE PAS CHÈRE!

À L'ENTRÉE, SUR LE SOL, IL Y A LE NOM D'UN
ANCIEN MAGASIN DE LINGE (CHEAP AUSSI) DES
ANNÉES 60. DU COUP, JE ME SUIS MIS À
M'INTÉRESSER À LA SÉRIE DE COMMERCES QUI
ONT TOUS OCCUPÉ LE MÊME ENDROIT, QUI SE SONT
SUCCÉDÉ DANS LE TEMPS, TELS LES INGRÉDIENTS
D'UN GRAND CLUB SANDWICH TEMPOREL!

EN 89, QUAND JE SUIS DÉMÉNAGÉ SUR LA RUE CARTIER, À LA MÊME PLACE, IL Y AVAIT LE BONICHOIX (DIT LE "BONICHE"), RECONNU POUR SON CRETON AU POULET QUI MARCHE TOUT SEUL ET RESPONSABLE D'EMPOISONNEMENTS MÉMORABLES ET SONORES.

PLUS TARD, UN INCENDIE DÉTRUISIT LA PARTIE BOUCHERIE DU COMMERCE, QUI FUT AUSSITÔT PLACARDÉ. CE FUT L'ÉPOQUE DEEP TRASH DU COIN. LE LOCAL DEVINT SQUAT À PUNKS, HÔTEL DE PASSE QUATRE ÉTOILES ET CIMETIÈRE À CADAVRES DE VÉLOS. UNE ÉTRANGE ODEUR DE BALONEY BRÛLÉ ET DE CHEEZ WHIZ MOISI PERSISTA ENCORE PENDANT PLUS DE DEUX ANNÉES!

AU BOUT DE QUELQUES ANNÉES, LA LUMIÈRE REVINT, UN ENTREPRENEUR DYNAMIQUE ET CHAMPION DES NOMS POCHES OUVRIT UN CLUB VIDÉO. SECTION PORN GÉANTE ET COLLECTION COMPLÈTE DES FILMS DE BUD SPENCER!

ENFIN, UN PEU APRÈS LA MORT CLINIQUE DU VHS, ON OUVRIT UNE GALERIE D'ART, ULTIME TENTATIVE D'INSERTION DU MILIEU DE LA CRÉATION PURE ET DU JEU DE MOTS DOUTEUX.

J'IMAGINE QUE TOUTE CETTE POPULACE VIT, MEURT ET SE RÉINCARNE AU MÊME ENDROIT, COMME POUR JOUER DANS UNE PIÈCE DE THÉÂTRE QUI NE SE TERMINE JAMAIS! LE DÉCOR RESTE SENSIBLEMENT LE MÊME ET LES ACTEURS NE CHANGENT JAMAIS, MAIS POURQUOI?

LA GRAVITÉ QUANTIQUE PAR LA THÉORIE DES CORDES?

LA TECTONIQUE DES PLAQUES?

LE KRAFT DINNER?

DONC, SI LE TEMPS TOURNE EN BOUCLE AUTOUR DU MÊME ENDROIT, C'EST QU'IL Y A UN POINT CENTRAL PAS LOIN, UN PIVOT!

SHIT!

ÇA FAISAIT PAS LOIN DE SIX MOIS QUE J'AVAIS
EMMÉNAGÉ DANS MON TAUDIS-DE-LUXE, UN TROISIÈME SUR
LA RUE CARTIER EN BAS D'ONTARIO, C'ÉTAIT L'ÉPOQUE
CRUNCHY-HARDCORE DU CENTRE-SUD. EN FAIT, J'IMAGINE
QU'IL Y A SÛREMENT EU DES ÉPOQUES PLUS PATHÉTIQUES
AVANT MAIS, COMME ON DIT, "J'ÉTAIS PAS
LÀ POUR LE CONSTATER".

Y AVAIT UNE PUTE PAR COIN DE RUE, DES NIDS À JUNKIES QUI POUSSAIENT UN PEU PARTOUT, DES TROUPEAUX DE MONDE POKÉ. BREF, DE TOUT POUR RENDRE HEUREUX!

MAIS J'ME SUIS HABITUÉ ASSEZ VITE À TOUTE CETTE MÉNAGERIE. EN FAIT, J'ÉTAIS PAS MAL DANS MON ÉLÉMENT, TOUT À FAIT À L'AISE.

PLUS TARD DANS L'ÉTÉ, MON CHUM SIRIS A DÉMÉNAGÉ
AU DEUXIÈME JUSTE EN BAS DE CHEZ MOI. BONNE NOUVELLE,
SURTOUT QUE ÇA ALLAIT CHAUFFER EN DESSOUS CET HIVER-LÀ!

HISTOIRE DE COMBLER UN VIDE, ON A ALORS DÉCIDÉ DE
FONDER L'ASSOCIATION INTERNATIONALE POUR LIBÉRER LA BD
DE LA CONNERIE ULTIME SUR
LA RUE CARTIER, MAIS
L'AIPLLBDDL CUSLRC,
ÇA SE DISAIT TROP MAL. ON
A PLUTÔT OPTÉ POUR L'ACHAT
D'UNE 24 DE MILIWOKI
BESSE DRY, C'ÉTAIT PLUS
FACILE À GÉRER!

ÇA, C'ÉTAIT LE VOISIN D'EN BAS À CÔTÉ. JE L'AVAIS REMARQUÉ SANS VRAIMENT FAIRE ATTENTION. UN RAMASSEUX DE JUNK PORTÉ LUI AUSSI SUR LE MERVEILLEUX LIQUIDE DES GAGNANTS.

EN FAIT, C'ÉTAIT ASSEZ DIFFICILE DE PAS LE REMARQUER. SA COUR D'EN AVANT AVAIT L'AIR DU MUSÉE DE LA POUBELLE!

DONC, DE RETOUR À CE MERVEILLEUX MOMENT D'ÉTERNITÉ...

CETTE RENCONTRE AVAIT VRAIMENT FAIT NOTRE JOURNÉE, COMME SI ON VENAIT DE COMMUNIQUER AVEC UN EXTRA-TERRESTRE À L'AIDE D'UN CODE UNIVERSEL HYPER SOPHISTIQUÉ!

PARLANT DE DÉCOUVERTE, L'APRÈS-MIDI MÊME, ON AVAIT TROUVÉ DANS LE SEUL GARDE-ROBE DE CHEZ SIRIS UNE PILE DE VIEUX HARA-KIRI.

WOW! TCHÈCKE-MOI ÇA!

HARA KIRI

PFOUF!

DANS UN DES NUMÉROS, IL Y AVAIT UN TEXTE DÉLIRANT SUR UN VIEIL ALCOOLO FINI QU'ILS NOMMAIENT "LE BISON BOURRÉ". AVEC SA GUEULE COMPLÈTEMENT DÉTRUITE AU GROS ROUGE ET SES PLUMES D'INDIEN, IL ÉTAIT PISSANT. C'ÉTAIT PROBABLEMENT POUR SE PAYER LA GUEULE DE PATRICK STRARAM/BISON RAVI.

HA

HAHA! LES CONSEILS DU BISON BOURRÉ: FONCEZ!

DA-HA

CÉ CON,

PRFF

HARA KIRI

MEANWHILE, BACK IN THE JUNGLE, À FORCE D'ASSASSINER DES BOUTEILLES, ON S'EST MIS À DÉLIRER SOLIDE, LE VOISIN-D'EN-BAS-À-CÔTÉ ET LE BISON BOURRÉ NE FAISAIENT PLUS QU'UN.

YÉ PAREIL! SU CHÛR QUE CÉ LUI. SU CHÛR QU'Y DOIT SENTIR PAREIL.

FUCKÉ MAN.

WOW!

HEY, ON VA COGNER CHEZ EUX!

POUR AWOIR UN OTOW.. ORTRO... UNE SIGNATURE.

CÉ SON CLONE!

HAHA! FONCEZ QU'Y DIT, HAHAA! FONCEZ!

J'PENSE QUE J'VAS ME FAIRE TATOUER ÇA AU-DESSUS DU NOMBRIL. "FONCEZ"!

EN GLO...EN GOTHIQUE.

DÉ GAGNANTS. ON EST TOUTES DÉ GAGNANTS J'TE DIS!...

BOLD 24 POINTS

HAHA

LE RESTE DE LA SOIRÉE SE PERD MALHEUREUSEMENT DANS UN POUDING ÉTHYLIQUE INNOMMABLE.

ANANN MANA'N..VEU'N

HIPS   VNA'N BIÈH!

CHEUW   AMANA'N

NANHAW

K

FFRONCEZ!

LE LENDEMAIN MATIN, VERS DEUX HEURES ET DEMIE DE L'APRÈS-MIDI, MOI ET MON MAL DE TÊTE PARTIONS POUR LE DÉPANNEUR LE PLUS PRÈS AFIN D'ÉCHANGER QUELQUES BOUTEILLES VIDES CONTRE CE QUI POURRAIT RESSEMBLER LE PLUS À UNE PINTE DE LAIT.

MMFR

INC CLINC CLINC CLINC CLINC
CLINC CLINC
CLINC

MÉGA HANGOVER BLASTOFF

BUD
MILI
WOKI

FFMR...

SHAKE SHAKE

22

APRÈS SEPT LONGUES MINUTES D'AGONIE EXISTENTIELLE, J'ARRIVAI À DESTINATION. LE BONHOMME/VOISIN/BISON BOURRÉ ÉTAIT ASSIS DEVANT LE DEP' À SIROTER SON TROIS HEURES ET QUART ! AUTANT M'HABITUER TOUT DE SUITE, J'AVAIS L'IMPRESSION QUE J'AVAIS PAS FINI DE LE VOIR.

QUEL BONHOMME WEIRD. JE L'AI EU DANS LA TÊTE TOUT LE LONG DE MON MAL DE TRONCHE. ON AURAIT DIT QU'IL ÉTAIT BLINDÉ PAR LES COUCHES SUCCESSIVES D'ALCOOL DURCIES AUTOUR DE LUI, UN PHÉNOMÈNE! Y FALLAIT ABSOLUMENT DOCUMENTER ÇA.

C'EST CE JOUR-LÀ QUE J'AI DÉCIDÉ DE LAISSER TOMBER TOUS MES AUTRES PROJETS DE MERDE QUI NE MENAIENT NULLE PART ET D'ENTAMER UNE OEUVRE COLOSSALE!

Contrairement aux autres bisons (et à son beau-frère le bison d'Amérique), le bison bourré habite surtout pas loin du métro Papineau. On le voit souvent dans son milieu naturel se promenant avec une barouette remplie d'objets inutiles ramassés un peu partout. Essentiellement, le bison a deux fonctions spécifiques : ingérer du liquide houblonné et ramasser de la junk pour la revendre ensuite afin de se racheter ledit liquide. C'est comme qui dirait une affaire de cycle !

25

27

"LA SATISFACTION DU TRAVAIL BIEN ACCOMPLI NOUS PERMET D'ÊTRE PLEINEMENT SATISFAIT" (LOUIS-FERDINAND CÉLINE).

APRÈS UN "STRETCH" INCROYABLE DE TRAVAIL DE TROIS PAGES, FAUT FÊTER ÇA, ET QUOI DE MIEUX POUR L'OCCASION QU'ARRÊTER D'ARRÊTER DE FUMER!

LE RENFORCEMENT POSITIF ÉTANT UNE STRATÉGIE EFFICACE POUR UNE PRODUCTION ARTISTIQUE SOUTENUE, IL FAUT SAVOIR CÉDER À SON CÔTÉ COMPULSIF POUR SE REMERCIER D'EXISTER.

D'AILLEURS, EN PARLANT DE COMPULSIF...

C'EST ÉTONNANT COMBIEN CE TYPE POUVAIT RAMASSER DE STOCK, UNE VRAIE FOURMI À TÊTE CHERCHEUSE.

TOUJOURS À L'AFFÛT DE CE QUI TRAÎNE DANS LA RUE, TOUJOURS À TRANSPORTER DES BOÎTES AU CONTENU INDÉFINI, À EMPILER DES MOTEURS DE LAVEUSE QUI MARCHENT MÊME PAS...

HUEF!

...IL AVAIT VRAIMENT L'AIR DE SE PRÉPARER POUR LA GUERRE DU VIDE, C'ÉTAIT LE SCHWARZKOPF DE L'ACCUMULATION PRÉVENTIVE.

GLOB

GLODOGLAADOGLOBLOH!

L'art d'empiler

· Bison style ·

En plus de sa forte capacité en recyclique et en revente, le bison accumule énormément de stock dans sa cour d'en avant...

...et aussi dans son logement, qui fait office de backstore/labyrinthe/ bordel total.

Mais quand ça sonne à la porte, il faut retrouver son chemin et c'est chiant.

"LE PLUS DUR AVEC L'ÉCRITURE, C'EST QUE L'INSPIRATION RISQUE D'ÊTRE SAUCISSONNÉE EN TOUT TEMPS PAR UNE SONNERIE QUI, NORMALEMENT, NE FONCTIONNE PAS" (VICTOR HUGO).

J'AVAIS ÉVIDEMMENT REMARQUÉ LE BISON, IL ÉTAIT ASSEZ DUR À MANQUER, MAIS, À TRAVERS LE CAPHARNAÜM DU BORDEL TOTAL DE SA COUR D'EN AVANT, LES JOURS OÙ Y MOUILLAIT PAS, ON POUVAIT APERCEVOIR LA BISOUNE.

LA PEAU BRUNE COMME DU CUIR, LES YEUX BLEUS COMME UNE CANNE DE LAURENTIDE...

...ELLE ÉTAIT PASSÉE MAÎTRE DANS L'ART DE QUÊTER DES CLOPES ET D'AVOIR UN PEU L'AIR D'ÊTRE SUR SATURNE.

"À FORCE DE BOSSER COMME UN CON, ON A LE CUL SOUDÉ SUR SA CHAISE ET L'ESTOMAC DANS LES TALONS" (EDWARD P. JACOBS).

DONC, AVANT D'IMPLOSER D'AUTODIGESTION SPONTANÉE, JE PARTIS À LA CHASSE AU GROS SAUCISSON CHEAP ET AU PAIN MOYENNEMENT MOU.

CE QUI ME PLAISAIT AVANT TOUT DE LA RUE ONTARIO, C'EST LA GRANDE DIVERSITÉ DE SES COMMERCES. ON TROUVAIT DE TOUT SUR LA RUE ONTARIO.

HEUREUSEMENT, ON TROUVAIT AUSSI LE BONICHE PAS TROP LOIN, EN FAIT, JUSTE À L'AUTRE COIN DE RUE.

LE BONICHE C'ÉTAIT LE SPÉCIALISTE DES SPÉCIAUX, LE ROI DES LÉGUMES MOUS ET DE LA VIANDE SÉPARÉE MÉCANIQUEMENT EMBALLÉE CHEAPO. IL N'Y AVAIT PAS DE SURPRISES, TOUT ÉTAIT PASSÉ DATE, MÊME LES CONSERVES.

40

Le secret de la **Bagosse**
patate de sofa · couch potato

T'EN VEUX-TU UN AUTRE VERRE?

NON MERCI, CHUIS DÉJÀ AVEUGLE

Un bon plan pour picoler pour pas cher consiste à faire soi-même son p'tit bouère! ① Premièrement, savoir reconnaître la bonne patate.

② Ensuite, bien faire germer les patates (de préférence sur un sofa parce que sur une chaise pliante ça chie un peu.

③ Étape de la cuisson: faire bouillir

BLO BLO BLO

le tout à feu doux pendant je sais pas combien de temps dans de la Miliwoki Besse Dry 12%.

④ Le mélange un peu gluant, quoique prometteur, doit rester dans un coin de la cuisine pendant un bon boutte.

⑤ Pour l'étape suivante, faire chauffer la mixture dans un patentage de tuyaux broché à foin afin d'extirper l'alcool selon une recette ancestrale connue du bison seulement. ☺

⑥ Et voilà le travail! Maintenant goûtons à ce liquide des dieux!

HE

ANNA NOEHH!

FEEL FEEL

MEUH

NA

PENZO

BL BL BL

SHOE SHINE

PFF

PEPSI

ANW!

41

EN PARLANT DE BROCHE À FOIN, UN APRÈS-MIDI ALORS QUE J'ÉTAIS OCCUPÉ À ME SAUVER DE LA CHALEUR INTENSE DE MON ATELIER ET SURTOUT À TÂTER LE HOUBLON DANS MON ESCALIER...

...LE BISON BRASSAIT SON STOCK, FOUILLAIT JE SAIS PAS QUOI, CHERCHAIT SES OUTILS, L'AIR VACHEMENT OCCUPÉ.

EN FAIT, JE L'AI SOUVENT VU BRICOLER DES PATENTES À GOSSES PAS POSSIBLES SANS VRAIMENT QUE JE SACHE CE QU'IL FAISAIT. BRICOLE-PICOLE, MÊME COMBAT!

technique
Broche à foin
bison power

Le patentage est une science qui se perd. On achète et quand ça ne fonctionne plus, on jette. Le bison, lui, ramasse et répare. Il est le maître de la transformation aléatoire. Au fil des années, il a développé une grande expertise en patching réusinage de tendance duck tape.

Le blender à gaz

Avec 2 litres de diesel, on arrive à faire une crème de patates délicieuse!

majestic

La drill à spaghetti

Des heures de plaisir!

à utiliser avec le protège-yeux anti-nouilles.

BLACK & DECKER

Le coupe-baloney en 5

Celui qui coupe en 7 était trop dur à faire.

Le décapsuleur-marteau

Inutile depuis l'invention du twist cap et même avant.

PLEIN ÉTÉ DANS LE CENTRE-SUD. IL DEVAIT FAIRE AU MOINS DEUX MILLE DEGRÉS. UNE HUMIDITÉ COLLANTE DÉBOULAIT LENTEMENT DU PLATEAU PAR LA RUE PAPINEAU. J'AVAIS VRAIMENT SOIF ET VISIBLEMENT LE BISON AUSSI!

DANS MA RECHERCHE ANTHROPO-ÉTHYLO-BISONNESQUE, J'AVAIS PRESQUE PASSÉ SOUS SILENCE L'ESSENTIEL DE LA MOTIVATION DU SUJET.

JE VEUX PARLER ICI DE LA CAPACITÉ PHÉNOMÉNALE DU BISON D'ABSORBER DE GRANDES QUANTITÉS D'ALCOOL SOUS TOUTES SES FORMES ET TOUS SES DÉRIVÉS.

SI L'INSPIRATION TARDE ENCORE, ON PEUT AUSSI FAIRE LA TOURNÉE DES DÉBITS DE BOISSON DE LA RUE ONTARIO, UNE EXPÉRIENCE TOUJOURS PALPITANTE.

LE FUN SPOT BAR À SENSATIONS

POOL GRATIS

ME SEMBLE QUE J'AI ENCORE SOIF!

T'AS DÉJÀ ÉTÉ LÀ?

PAS EN ÉTANT CONS- CIENT, NON.

ET PUIS À CHAQUE BAR SON ATTRACTION SPÉCIALE.

HEY TCHECKE ÇA MAN, Y A UN FILM DE CUL DANS LE LOT.

WOW! "SUCEUSES EN FOLIE 4". JE L'AI PAS VU CELUI-LÀ.

PINACLE MACHINE À TOUTOUS

SEX

SURTOUT QUAND ROGER "MILKY WAY" POULIOT TRA- VAILLE COMME SHOOTER GIRL.

FAITES QUOI DANS VIE VOUS AUTRES?

HEU, D'LA BANDE DESSINÉE MADA...

AAAH DES ARTISTES.

MOI AUSSI J'AURAIS AIMÉ ÇA.

HA

MAIS J'AIMAIS MIEUX ME FAIRE POSER DES GROSSES BOULES!

DONC, À MESURE QUE LA SOIRÉE AVANCE, ON SE FAIT UNE TONNE DE BONS COPAINS!

MOÉ MON GARS, J'AI DÉJÀ PRIS UN COUP AVEC LITTLE BEAVER!

OUEN!

BLÉ

50

UN PETIT ARRÊT À LA TAVERNE DES DEUX "T" POUR L'HEURE DU SOUPER.

PENDANT CE TEMPS-LÀ, CHEZ LE BISON, UNE SEMI-FOULE COMMENÇAIT À S'AGGLUTINER, ÉTRANGEMENT ATTIRÉE PAR UNE CAISSE DE 24 MAL DISSIMULÉE.

LE TEMPS DE CALER UNE COUPLE DE MILIWOKI EXTRA DRY, UNE FORME DE LÂCHÉ-LOUSSE S'INSTALLA ASSEZ RAPIDEMENT. UNE AUTRE SOIRÉE QUI S'ANNONÇAIT ÉTHYLO-FROMAGEUSE !

BACK ON THE NIGHT LIFE DE LA TOURNÉE DE LA RUE ONTARIO, LE POINT DE NON-RETOUR EST FRANCHI : LES DÉPANNEURS À BIÈRE SONT FERMÉS.

PIZZA 2 POUR 6

T'AURAIS PU AU MOINS LAISSER LE PICHET DE BIÈRE LÀ-BAS!

QUEL PICHET?

CELUI QUE T'AS PAS PAYÉ.

HA! CE-LUI-LÀ?

IL EST DONC MAINTENANT IMPÉRATIF D'ALLONGER LA TOURNÉE. UN PETIT ARRÊT À LA TAVERNE FULLUM POUR PRENDRE UN SHOOTER,

LABATT

SONT DONC BEN P'TITES LES TABLES ICITTE!

APRÈS ÇA, ON PEUT REVENIR VERS L'OUEST POUR UNE PETITE ESCALE AU CITIBAR AFIN DE TESTER JE SAIS PAS QUOI...

BLEDEGLEBLG GLEBLEDELGLEB BELG___LBGDEGL BEL___EDLGLE

ET GLOU ET GLOU ET GLOU ET GLOU ET GLOU GL W

...ET CONTINUER SA RECHERCHE ETHNOGRAPHICO-ÉTHYLO-INSPIRATIVE.

? CON

BLE BLE

DAVE

53

AYANT ATTEINT LE POINT
GODWIN DE CETTE SOIRÉE,
LA SEULE OPTION QUI RESTE
EST D'ALLER SE PERDRE SUR LA
PLANÈTE HOT-DOG.

PARALLÈLEMENT,
LE PARTY DE BROSSE DE
CHEZ LE BISON AVAIT LUI AUSSI
DÉGÉNÉRÉ SOLIDE.

HUIT CAISSES DE 24,
SIX BOUTEILLES DE BAGOSSE
ET QUINZE COUPS DE POING S'A
YEULE PLUS TARD, LA POLICE EST
VENUE FERMER LA PLACE ET LE
DERNIER NEURONE A "CALLÉ OFF".

COMME PAR USURE, APRÈS CE TOURBILLON BORDÉLO-
ÉTHYLIQUE DE L'ENFER, LE CALME REVINT DANS LE CENTRE-SUD.
PARTICULIÈREMENT SUR CARTIER, OÙ SEULES QUELQUES TRACES
LAISSAIENT ENTREVOIR L'INTENSITÉ DES RAPPORTS SOCIAUX DE LA
VEILLE.

MAIS LA NUIT FUT COURTE
ET DÉJÀ LE SOLEIL SE PRÉPARAIT
À CUIRE LES FLAQUES HOUBLONNÉES
ET À FAIRE BRILLER LES
BOUTEILLES VIDES.

"JUSTEMENT, CETTE NUIT
M'A SEMBLÉ COURTE, OU PEUT-
ÊTRE LONGUE... MAIS PEU IMPORTE,
J'EN AI AUCUN SOUVENIR ET J'AI
MAL À LA TÊTE" (CHARLES BUKOWSKI).

LE SURLENDEMAIN, JE COMMENÇAIS À ÊTRE VRAIMENT TANNÉ D'ENTENDRE LE BISON GUEULER COMME UN DAMNÉ. SA JAMBE AVAIT TRIPLÉ DE GROSSEUR ET SON PIED ÉTAIT TELLEMENT ENFLÉ QU'IL AVAIT FAIT EXPLOSER SON SOULIER.

VU QU'IL INSISTAIT POUR FINIR SA CAISSE DE 24, Y A FALLU L'ATTACHER POUR QU'IL SE DÉCIDE À EMBARQUER DANS L'AMBULANCE.

DEUX SEMAINES PLUS TARD, LE BISON EST RÉAPPARU CLEAN, PROPRE, HABILLÉ EN NEUF. MÊME LA BISOUNE NE L'A PAS RECONNU!

Opération Cleanage du bison

Je n'avais jamais pensé qu'on pouvait cleaner un bison! En tout cas, ça m'avait jamais passé par l'esprit, mais là je sais que c'est possible, en six étapes et l'affaire est ketchup.

① Au début on le fout à poil. C'est vraiment pas beau à voir, mais c'est nécessaire, et puis on a mis des carrés noirs pour cacher.

② Après la douche haute pression, on le crisse dans le "Bisomatic High Class Cleaner 2000".

③

Ensuite on fait les poils, les ongles et on oublie surtout pas d'aseptiser les orifices.

④

Le paraître non plus n'est pas laissé pour compte, grâce au "Roi du suit de l'habit Saint-Vincent de Paul".

⑤ Il est très très important de nettoyer mentalement l'individu dysfontionnel par des techniques spéciales éprouvées.

⑥

Et voilà, un autre citoyen prêt à faire face à de nouveaux défis.

Opération décleanage du bison

Évidemment, qui dit cleanage du bison appelle son contraire: le décleanage. Juste retour des choses? ajustement des planètes? Who cares? Le bison se décleane à une vitesse folle, et ce, en très peu d'étapes!

A Trop clean, trop bien sapé, le bison est profondément mal à l'aise. Il sent le p'tit sapin de char et on le reconnaît plus au dépanneur sur Papineau.

B De retour dans ses vêtements de camouflage, le bison semble maintenant fonctionnel. La grande aventure peut recommencer!

C Rien de mieux qu'un p'tit bouère pour remettre son bison à sa place. Quinze jours à l'eau pis aux légumes, ça magane le bonhomme.

D La boucle bouclée, le cycle cyclé, le bison redevenu lui-même peut retourner à ses vilaines habitudes si jamais il arrive à se rappeler où il les a foutues.

62

UNE CHOSE QUE JE NE REMAR-
QUAIS PLUS, PEUT-ÊTRE PARCE
QUE PAR HABITUDE MON CERVEAU
FAISAIT ABSTRACTION DU PHÉNOMÈNE
POUR PRÉSERVER UN CERTAIN ÉQUILI-
BRE MENTAL, C'EST LE TAS DE JUNK
À CÔTÉ DE CHEZ LE BISON, QUE
J'AVAIS APPELÉ LE
"BISON REJECT
PILE OF SHIT".

EN FAIT, CET AMAS
ETAIT CONSTITUÉ DE TOUT
CE QUE LE BISON CONSIDÉRAIT
TROP SCRAP. LE TAS DE JUNK, QUI
RAPETISSAIT, GROSSISSAIT ET
CHANGEAIT DE FORME AU FIL DU TEMPS,
ATTIRAIT D'AUTRES MEMBRES DE
LA CONFRÉRIE DES BISONS.

COMME SI LA RUE CARTIER AVAIT ÉTÉ UNE PLAINE, UN CHAMP
OÙ LES BISONS BROUTAIENT AU FIL DU VENT COMME UN JOYEUX
TROUPEAU DANS UN GROS "GET TOGETHER" BISONNESQUE, UN BAZAR
À JUNK GRATIS À CIEL OUVERT.

C'EST D'AILLEURS DEVANT CHEZ LE BISON QU'UN JOUR JE REMARQUAI UNE MAGNIFIQUE TABLE SCRAP À TROIS PATTES.

APRÈS UNE DISCUSSION LÉGÈREMENT DADAÏSTE, IL M'A DONC CONVAINCU QU'IL POSSÉDAIT LA TABLE EN QUESTION ET QUE, CONTRE DEUX GROSSES BIÈRES ET CINQ PIASSES, IL ME LA LAISSERAIT.

J'ME FAISAIS FOURRER UN PEU, MAIS C'ÉTAIT POUR UNE BONNE CAUSE : LA SOIF ULTIME.

CE JOUR-LÀ, LE BISON A DÛ FAIRE DES VENTES RECORDS PARCE QUE, LE SOIR VENU, IL SONNAIT COMME QUELQU'UN QUI SE PÈTE UNE TORCHÉE OLYMPIQUE DU GENRE À FAIRE CHIER LES VOISINS JUSQU'EN BANLIEUE DE MOSCOU!

Les voisins

· FAMILY ① STYLE ·

En parlant de voisins, même à cette époque nihilo-trash-hardcore, il y a encore beaucoup de familles qui vivent sur la rue Cartier, des Centresudesques 100% proof, des fois un peu fuckés mais toujours aussi blindés qu'un camion de la Brink's.

La famille Escalier

Une madame qui est pas souvent là, 250 enfants, un dude qu'on sait pas c'est qui et qui tète ses king cans all day long, le tout dans l'escalier du matin au soir à envoyer chier tout ce qui passe.

La famille Dèche

Probablement 25 dans leur quatre et demi, reconnus pour avoir oublié le Pépère toute la nuit sur le perron.

La famille Décibels

La bonne femme gueule tout le temps, les enfants crient en se tapant dessus, le mec arrose son asphalte en hurlant "Farmez vos yeules!", bref, le bonheur sonore!

La famille Bottes de rubber

On les connaît pas trop mais on sait qu'il y a eu une grosse vente de bottes en rubber dernièrement, aussi appelée la famille Bottes de baloney.

Les voisins

HARDCORE 2 STYLE

Il y a aussi un autre type de voisins dans le coin, les weirdos, les fuckés, les potentiellement dangereux, bref les voisins hardcore et là je ne parle pas nécessairement de leurs préférences musicales.

Les madames

voisines du bison. Une est championne mondiale de maracas, l'autre fume la pipe et faut pas les faire chier !

PÉPITO MI CORAZON

PÉPITI

PÉPITO

TCHIX TCHIX

Le crusty punk

qui vit dans les poubelles au coin ontario et cartier. Peut sérieusement endommager quelqu'un à force de lui demander du change.

DES CLOPES AUSSI !

Le gros tapon saoul

qui pète des coches. Bourré et agressif, il engueule les murs et insulte les poubelles, dangereux jusqu'à ce qu'il roule sous une bagnole et s'endorme là.

AAAEWHHHE A AEWA AAAF

Le terminator à marchette

Fonce tout droit sur ses victimes, bloque le trottoir et hurle des insanités !

OH SHIT ! PAS LUI !

67

J'AVAIS TOUJOURS EU L'HABITUDE DE VOIR UN OU DEUX LOGEMENTS
PLACARDÉS EN FACE DE CHEZ MOI. ÇA POUVAIT TOUJOURS SERVIR
DE LOCAL OCCASIONNEL POUR LES GENTILLES MADAMES DE LA RUE
ONTARIO. MAIS DEPUIS LA FIN DE L'ÉTÉ, ÇA COMMENÇAIT À SE VIDER
PAS MAL.

MÊME QUE ÇA S'EST
COMPLÈTEMENT VIDÉ. EN
MOINS DE DEUX SEMAINES, IL N'Y
AVAIT PLUS AUCUN VOISIN
EN FACE.

ÉVINCÉS PAR LA VILLE
BECAUSE INFESTATION DE
COQUERELLES DE CINQUANTE
PIEDS? CONSTRUCTION PROCHAINE
DE CONDOS WAL-MART DE LUXE DE
VINGT-SEPT ÉTAGES? PERSONNE
N'A JAMAIS VRAIMENT SU.

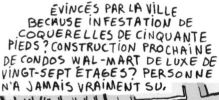

TOUT CE QU'ON SAVAIT, C'EST QUE LA RUE ÉTAIT DEVENUE PROFONDÉMENT GLAUQUE DEPUIS CE "NETTOYAGE" PAR LE VIDE. C'ÉTAIT LA ZONE, COMME Y DISENT! À PART LES DEUX NOUVELLES PIQUERIES ET LEURS CLIENTS SUPER DISCRETS, Y AVAIT PLUS GRAND-CHOSE QUI SE PASSAIT.

RESTAIT ENCORE LE BISON, QUI SEMBLAIT NE PAS TENIR COMPTE DE LA TENDANCE SOCIO-PLACARDAGE DE LA RUE ET QUI CONTINUAIT D'ACCUMULER DU STOCK.

MÊME QU'IL COMMENÇAIT À EN ACCUMULER UN PEU TROP. ÇA ARRIVAIT PRESQUE JUSQU'AU DEUXIÈME, DU GENRE TETRIS GARBAGE 3D.

Comment accumuler l'accumulation

Le bison, étant un être profondément sensible aux variations de température tels la cigale ou le cochon d'Inde main du parc La Fontaine, se met à accumuler des denrées et/ou d'la junk et des vidanges en vue d'un hiver pénible et long, mais la particularité de cet automne, c'est que son exagération est vraiment exagérée!

avant

Pas trop d'empilation! Le bison a en masse de place pour Relaxer et le voisin peut chiller dans son coin.

HAAEW

après

Super empilation extrême! Passé ce stade plus rien n'est possible. Même la structure de l'atome est affectée.

HAAEW

ATM CORE

SHIT!

"AUJOURD'HUI, J'ME TORCHE UN CHEF-D'OEUVRE" (PAUL-LOUP SULITZER).

BON! DISONS QUE DE ME FAIRE DÉRANGER DANS UN ÉLAN DE CRÉATIVITÉ INTENSE, ÇA COMMENÇAIT À DEVENIR LA NORME, MAIS CETTE FOIS-LÀ, C'ÉTAIT ASSEZ DIFFÉRENT.

DES EMPLOYÉS DE LA VILLE ÉTAIENT OCCUPÉS À METTRE LE STOCK DU BISON DANS UN CONTAINER, UNE BAGNOLE DE FLICS JUSTE EN FACE. VISIBLEMENT, ÇA CHIAIT UN PEU. JE SUIS DESCENDU FAIRE MON ENQUÊTE EN BON VOISIN SENTEUX.

EN FAIT, J'AI COMPRIS
ASSEZ VITE QU'ILS ÉTAIENT
EN TRAIN DE VIDER LE LOGEMENT
DU BISON, VOIRE ICI CARRÉMENT DE
CRISSER SON STOCK AUX POUBELLES.

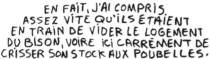

TOUT LE GRATIN ÉTAIT
PRÉSENT, LA PROPRIO, LA
TITE POLICE, UNE MADAME
EN COMPLET VINGT-DEUX PIÈCES
ET DEMIE ET QU'ON SAIT PAS C'EST
QUI, PRÊTS À RÉGLER
LE CAS DU BISON...

...QUI SEMBLAIT EN ÊTRE
À SON 62E BIBERON DE LA
JOURNÉE. L'IDÉE QU'IL SE FAISAIT
FOUTRE À LA PORTE DE SON TAUDIS NE
LUI AVAIT PAS EFFLEURÉ L'ESPRIT
UN INSTANT!

Y Z'ONT SACRÉ LE BISON
PIS LA BISOUNE DANS UNE
BAGNOLE ET PIS Y SONT PARTIS.
LES GARS DE LA VILLE
ONT MIS SEPT HEURES
ET DEMIE À VIDER LE
LOGEMENT.

PAS LONGTEMPS APRÈS, LE "BUNKER" DU BISON A ÉTÉ PLACARDÉ, TOUT COMME UNE BONNE PARTIE DES LOGEMENTS DE LA RUE. ÇA COMMENÇAIT VRAIMENT À RESSEMBLER À UNE ZONE DE COMBAT PAR ICI. LA GUERRE DE QUOI? JE SAIS PAS, LA GUERRE DU TEMPS SANS DOUTE.

PAR CURIOSITÉ MALSAINE (OU ANTHROPOLOGIQUE, C'EST SELON), J'AI SORTI MA BARRE À CLOUS...

...PUIS J'SUIS RENTRÉ DANS LE TAUDIS. RIEN QU'À VOIR ET À SENTIR, C'ÉTAIT QUAND MÊME LE PIRE TROU QUE J'AVAIS JAMAIS VISITÉ.

LA CRISSE DE MISÈRE SALE SE LISAIT PARTOUT, DANS LES COULISSES BRUN-JAUNE SUR LES MURS, DANS LA POUSSIÈRE UN PEU WEIRD QUI BOUGEAIT DANS LES COINS.

EN FAIT, ILS AVAIENT PAS TOUT SCRAPÉ, IL RESTAIT DES TRUCS ICI ET LÀ, MAIS LE GROS DE LA JOB AVAIT ÉTÉ FAIT.

JE N'AI PLUS JAMAIS REVU LE BISON ET LA BISOUNE, NADA, DISPARUS COMME S'ILS N'AVAIENT JAMAIS EXISTÉ. D'AILLEURS, JE ME DEMANDE BIEN OÙ ILS ONT PU LES CASER, DANS UN AUTRE TROU? DANS UN ENTREPÔT À BISONS? J'EN AI VRAIMENT AUCUNE IDÉE. D'APRÈS LE GROS TAPON DU DÉPANNEUR AU COIN DE PAPINEAU, LE BISON AURAIT UN NOM, IL S'APPELLE MARCEL, ET LA BISOUNE, ELLE, ÇA L'AIR QUE C'EST UNE INDIENNE MAIS ON SAIT PAS SON NOM. Y Z'ONT DÛ SE RENCONTRER DANS LE TEMPS QUE LE BISON ÉTAIT COWBOY! ANYWAY, L'AUTOMNE AVANCE ET PIS J'SUIS PAS MAL CONTENT QU'IL Y AIT QUELQU'UN QUI RESTE EN BAS DE CHEZ NOUS, Y VA FAIRE MOINS FRETTE CET HIVER!

Centre-Sud
tournée vintage

J'suis débarqué dans le Centre-Sud au beau milieu des années 80, because cégep, because logements pas chers, aussi parce que je connaissais le coin, j'y passais souvent, c'était comme si j'avais toujours resté là. C'était le quartier des bums, des bikers et des shops à tattoos. Ça sentait la bière, ça sentait les burns de tires de char, bref, j'me sentais chez nous plus que partout ailleurs. Depuis ce temps-là, y a ben des choses qui ont changé, pour le meilleur ou pour le pire. Donc, voici ma tournée vintage. Juste pour puncher quelques images de ce qui est disparu, démoli, atomisé et oublié. Juste pour montrer que le temps bouffe les tas de briques et ceux qui vivent dedans.

Commençons par pas loin sur Antario. Presque au coin de Papineau, il y avait un des derniers magasins de scrap en ville, comme il s'en torchait des tonnes à une certaine époque: Le Père de la scrap. On pourrait y trouver un grand choix de caps de roue usagés, des batteries de char pour pas cher. Tu veux un muffler pour ta Pinto 75 attachée avec d'la broche? Attends un ti-peu, éj pense que j'peux te trouver ça annarrière! Une belle bâtisse tout croche avec toujours des saoulons assis sur la marche d'en avant, Y z'ont crissé ça à terre y a pas longtemps pour construire un local brun-laid-vide!

On traverse au sud d'Ontario et puis, de biais vers Cartier, on courait de bonnes chances de se retrouver devant un autre type de commerce hyper commun au Centre-Sud: un bazar-marché aux puces simili-pawnshop au nom pathétique mais néanmoins représentatif : Le Cowboy usagé. On pourrait y pawner de tout et y acheter à peu près n'importe quoi incluant le cowboy lui-même, sa mère et ses deux chiens. C'est devenu par la suite une shop à tattoos, un magasin de cartes de bingo et une boutique de cellulaires.

Après, on se tourne de bord. De l'autre côté de Cartier, toujours sur Ontario, il y avait un local de la Légion canadienne, une sorte de maison des jeunes, mais avec juste des vieux ex-combattus de l'Armée canadienne. On y organisait des soirées de bingo, des soirées de danse en ligne extrême et des soupers spaghetti sauce molle, bref, il y avait de la vie et du géronto-party! On se rappellera surtout du mannequin de magasin déguisé en soldat qu'ils sortaient dans l'entrée les vendredis soir de party. En manque de vieux soldats (tous déménagés à la Villa les tilleuls en banlieue de Petawawa), ils ont fermé la baraque, ont rénové le tout et l'ont séparé en une bonne douzaine de microcondos cheapos.

Parlant de cheapo stuff. On traverse Ontario, on marche jusqu'à Rorion et voilà! Juste sur le coin devant nous se dressait le Boniche, un mini-supermarché broche à foin série Z, le monument incontournable de l'alimentation centre-sudesque. ici, impossible de trouver une quelconque olive patagonienne au beurre de yack bio, il n'y avait que du nécessaire à saveur de sel, un grand choix de gratteux et de la bière cheap. aussi, le Boniche prenait bien soin de préciser le potentiel dangereux de son stock passé date en lui mettant des étiquettes rouges "en spécial". La place a passé au feu, a été laissée à l'abandon une couple d'années, est devenue un club-vidéo de cul, et est maintenant redevenue un mini-supermarché série Z.

Juste en face du Boniche, de l'autre côté de la rue, on pouvait trouver un doublé intéressant : Tatouage du Québec et, tout de suite après, la boutique Rock Machine. On pouvait se faire tatouer une tête de mort en feu sur la fesse gauche et tout de suite après s'acheter une boucle de ceinture en tête de mort de cinquante livres et un zippo tête de mort "Rock Machine". Vite fait, vite torché en quinze pas, faster than ape shit. Les deux places ont fermé tout de suite après qu'on a démoli le bunker des Rock Machine (les motards). Le local de tattoo, resté vide super longtemps, abrite maintenant la pâtisserie fine Tête de mort.

On est toujours au coin Ontario-Dorion (côté nord-est), là où sévissait à l'époque la chic Terrasse Belhumeur, une institution night life trash Centre-Sud. On pouvait s'y taper des brosses mémorables du genre qu'on se rappelle plus de rien le lendemain. C'était la place idéale pour une soirée réussie de karaoké éthylique et danse en ligne turbo-style. Là aussi, il y a une dizaine d'années, le feu a tout détruit, ce qui préserva l'endroit d'être envahi par la vague de hipsters néo-kitsch à venir. À cette place maintenant on peut se faire faire de l'ombre par un gros cube de condos et acheter des tits chocolats de luxe à la boutique du rez-de-chaussée.

Après s'être beurré la gueule à la Terrasse Belhumeur, on titubait vers l'est, on traversait Ontario et on allait manger une poutine au Coin du cornet, le temple du crado fast food. Contrairement à ce que le nom du commerce indiquait, on ne vendait pas de cornets au Coin du cornet. La machine à crème glacée molle était restée jammée dans le gras de patates frites depuis l'ouverture en 74. Ce même gras, qui suintait des murs et entrait subtilement dans la composition des hot-dogs Michigan et autres pogos, faisait le délice des grands gourmets de ce monde. Ce palace fut démoli jusqu'à la dernière saucisse il y a une bonne quinzaine d'années.

Donc, tant qu'à être dans le coin, on pourrait y aller
à propos de la démolition de presque tout l'îlot Huron,
(un paquet de locaux tout croches et de commerces miteux
autour de la rue Huron, enserrés entre De Lorimier, Papineau
et l'entrée du pont Jacques-Cartier, incluant la magnifique
cour à scrap de la Ville de Montréal). Ils ont rasé tout ça il y a
une douzaine d'années, opposition zéro à l'époque vu
que dans l'échelle du "glauque atroce", ce coin aurait tapé
un 11 sur 10. En fait, c'était pas vraiment un bon endroit pour
chercher son parapluie, un vrai rape zone. Y z'ont fait
semblant de décontaminer le terrain, planté quelques
arbres, placé une belle fontaine moche et appelé ça
"le parc des Faubourgs".

TERRAIN VAGUE
JUNKIE ZONE

BUNKER DES
ROCK MACHINE

VERS LE
PONT

LE COIN DU
CORNET

COUR À SCRAP
DE LA VILLE
DE MONTRÉAL

FUCK B

HOT
DOG

BORDEAUX

PHOTOCOPIE

MATELAS

LIT
MUR

MEUBLES
NON PEINTS

WOW

VENTE
10%

FUCK

RABAIS

LIT
QUEEN

S
M

BUANDERIE

LAVO
MATIC

TOTAL
INCONNU

ONTARIO

DORION

Près de DeLorimier, dans ce même tas de commerces tout croches qu'on a démolis à l'époque, on pouvait trouver le Montréal Chopper. Un genre de chic boutique de bikers barbus avec un crest dans le dos où ça sentait la spark plug et la graisse à machine. On y vendait pas des pièces de moto, on y vendait des morceaux de bécikke à gaz, du genre des fourches de chopper custom de 25 pieds pis des fittings pour mettre son 12 pompeux à côté de son siège. J'ai aucune idée de quand cette place a fermé, mais c'était bien avant la démolition de tout ce coin-là. On peut retrouver l'emplacement de ce fabuleux commerce en surveillant les endroits où le gazon pousse plus vert!

De retour vers l'ouest sur Ontario, entre la rue Dorion et Cartier. Là, on avait de bonnes chances de s'enfarger sur un rond de poêle laissé à l'abandon et de se péter la gueule juste devant le magasin d'électroménagers de huitième main Fauché les bas prix. Célèbre pour sa citation "tu veux un poêle pour moins que cent piasses? J'en ai des pas lavés dans mon backstore", Fauché ne ratait jamais l'occasion de faire apprécier aux autres son humanité, surtout la fois où il a descendu mon vieux frigo du troisième en me disant, le sourire aux lèvres, "bon ben là ton fridge yé jammé d'in marches pis si tu me donnes pas cent piasses de plus, je l'laisse là". Son commerce a fermé y a pas longtemps et a été heureusement remplacé par un local vide et crasseux.

Toujours en continuant vers l'ouest, juste à côté de la taverne des deux † (qui est devenue plus tard l'Astral 2000), on pourrait trouver une mini-salle de bowling. J'me rappelle plus du nom, mais on pourrait l'appeler Bowling Ontario. Avec quatre belles allées usées à souhait et des quilles qui sentaient le vieux butch, c'était la place parfaite pour jouer aux grosses boules, manger des chips et se taper une couple de Mae West entre deux dallots.

La place a fermé après une histoire de meurtre à la quille il y a une vingtaine d'années et est devenue un magasin de disques black métal.

Juste en face, au coin de la ruelle, survivait un Rossy, une sorte de magasin de guenille et de babioles vraiment cheapo (une nécessité dans le coin). L'idéal pour acheter des grosses bobettes chinoises, des linges à vaisselle pakistanais et des toasters qui marchent pas plus qu'une semaine. En fait, j'ai pas pu profiter longtemps de la multitude de rabais de la semaine et du choix raffiné de contenants en plastique: ce Rossy est mort de faillite pas longtemps après mon arrivée, assassiné par un Luxe du dollar qui venait d'ouvrir pas loin. Le local est resté vide quelques mois et ensuite on y a ouvert le sublime "Marchez aux pusses ontario". Deeper and deeper!

Un peu plus loin encore, près de la rue Plessis, il y avait une drôle de vieille bâtisse qui semblait ne plus finir d'imploser sous le poids de sa structure. Ce taudis se trouvait à être le local de l'Association des pères Noël du Québec. Pas grand-chose à dire sur cet endroit psychotronique à part le fait qu'à un moment d'agonie monétaire de ma part, j'me suis fait engager comme lutin pour faire la tournée des partys de Noël de bureau. Je me suis jamais pointé au rendez-vous fixé avec le simili-père Noël et j'ai passé les semaines suivantes à essayer le plus possible d'oublier ce moment de vie pathétique.

Encore une courte et dernière escapade pour se rendre près de la rue Panet, toujours sur Ontario, là où sévissait la salle de cinéma de cul Cinéma québécois. Issu de l'âge d'or du soft cul deux X, ce palace faisait le grand plaisir des yeux cochons en manque de tout nus et de programmes triple porno-spaghetti-Babette Bardot entrecoupés d'attractions spéciales du genre naines stripteaseuses. L'arrivée du VHS et des clubs vidéo a tué à petit feu ce temple du porno-crade, qui a été remplacé plus tard par un théâtre où on présente des trucs encore plus baillants qu'à cette époque merveilleuse.

On pourrait continuer cette tournée encore longtemps tellement il y a de choses à dire, d'endroits à décrire : une tonne de pawnshops miteux qu'on veut surtout pas visiter, des tavernes de bonhommes remplies d'histoires de bonhommes de tavernes, etc. Un paquet de places qui disparaissent, oubliées comme des pets dans le vent, aussi vite recyclées qu'une 24 de vides. "Nettoyez-moi ça comme faut, on va crisser un tim Hortons à même place." Mais un truc qui me semble pas avoir changé au cours des années, c'est la cabine de téléphone sur la rue Ontario, près de Papineau, celle que j'appelle affectueusement "la cabine de téléphone la plusse crade au monde."

Mon côté obsessif aime bien s'imaginer que ce monument à l'honneur de la communication ne changera jamais, malgré les nombreuses traces évidentes d'une utilisation excessive, de coups de pieds pour ravoir son change et de "crisse, T'as d'affaire à me répondre, mon tabarnac!". Complètement couverte de petits spots de liquide corporel indéfini et de graffitis parlant d'amour intense par les fesses, elle est plus qu'une simple cabine de téléphone, c'est un témoin magané du temps qui passe, c'est la porte d'entrée de la salle principale du musée de l'histoire du Centre-Sud.

MAINTENANT, APROCHONS-NOUS UN PEU ET PARTAGEONS UNE TRANCHE DE VIE DE L'HABITANT MOYEN DE CE QUARTIER MAGIQUE. POUR L'OCCASION, NOUS L'APPELLERONS "GRAND GAGNANT".

CE SIMPLE CITOYEN QUI, AUTREFOIS, AURAIT ÉTÉ D'UNE IMPRUDENCE EXTRÊME DE S'AVENTURER SI TARD LE SOIR DANS CES RUES SORDIDES...

95

MATHIEU BOUDREAU-NOLAN, CINÉASTE ET RÉCIPIENDAIRE DE LA BOURSE "JEUNE RELÈVE" SECTION 43 ANS ET PLUS, QUI TOURNE CE SEGMENT DE LA SÉRIE "DÉPÊCHEZ-VOUS DE FILMER, ON FERME", PRODUITE PAR L'ONF.

MOI, TU VOIS, JE VOUDRAIS FILMER L'ESSENCE DES CHOSES EN TRANSPARENCE DU VÉCU QUO-TIDIEN AU JOUR LE JOUR.

TU VOIS, C'EST COMME DÉCRYPTER LES ATOMES, COMME SI MES YEUX ÉTAIENT DES LENTILLES SURPUISSANTES FOIS DIX!

COMME SI PETER JACKSON BAISAIT AVEC GILLES GROULX.

COMME SI FELLINI MANGEAIT UN HOT-DOG.

DU VÉCU VRAI, TU VOIS?

BXPTVK PSZNIL UAVK, ACTEUR ET FINISSANT DE L'ÉCOLE DE THÉÂTRE KUDJUAK ACTOR STUDIO EN BANLIEUE D'ANGOULÊME.

TU VOIS?

AH BEN, MOI, TU VOIS, J'IMPROVISE.

C'EST MA SPÉCIALITÉ.

J'SUIS UN SPÉCIALISTE, C'EST ÇA!

HANDY ANDY

DONC...REPRENONS.. MALGRÉ SA DIFFÉRENCE ÉVIDENTE, CE NOUVEL ARRIVANT S'INTÈGRE A UNE VITESSE FOLLE ET PARTICIPE ACTIVEMENT AU REMODELAGE SOCIAL DE CE QUARTIER BOUILLONNANT.

QUI DIT INTÉGRATION DIT AUSSI REVITALISATION ÉCONOMIQUE. DANS CE DOMAINE LES COMMERCES DE PROXIMITÉ ONT UN RÔLE IMPORTANT, VOIRE NÉCESSAIRE.

TOUT COMME LE SUPERMARCHÉ DU COIN (CHEZ LE CHINOIS POUR LES INTIMES) QUI, EN PLUS D'OFFRIR UN EXCELLENT CHOIX D'ALIMENTS DE QUALITÉ SUPÉRIEURE...

..., OFFRE À NOTRE NOUVEAU CITOYEN UNE OCCASION EN OR DE CÔTOYER SES VOISINS, D'ÉCHANGER AVEC EUX ET PEUT-ÊTRE AUSSI DE BÂTIR UNE SOLIDE AMITIÉ.

101

BELZÉBUTH FAUCHÉ, PATRON DE "FAUCHÉ LES BAS PRIX", VENDEUR D'ÉLECTROMÉNAGERS DE SECONDE MAIN, TROISIÈME TYPE, QUATRIÈME TAUDIS.

BEN... J'Y AI VENDU UN POÊLE À TROIS RONDS PIS ÇA AVAIT MÊME PAS L'AIR DE LE DÉRANGER. UN BON CLIENT.

EN PLEIN ÇA!

FAUCHÉ
LES BAS PRIX
VENTE
110%

OUTRE L'IMPORTANCE DE L'IMMERSION SOCIALE POUR CE DÉRACINÉ RÉCENT, LES SAVEURS RÉGIONALES FONT OFFICE DE SOUPE DANS LAQUELLE IL EST TENTÉ DE TREMPER SON CROÛTON ANCESTRAL.

J'IRAIS BIEN VISITER CETTE CHARMANTE PETITE BOUTIQUE!

PIERCING
NEZ
GENOU
HIBOU
CUL
ORGANES
INTERNES

FATBOY
FAT

TATOUAGE
CHEZ CHOCHOTTE
CREEP

L'ADAPTATION OPTIMALE S'OPÈRE ALORS, LORSQUE NO-
TRE ALLOGÈNE AMI COMMENCE PETIT À PETIT À ADOPTER
QUELQUES COUTUMES
LOCALES !

DU COUP, UNE SENSATION EUPHORIQUE D'APPARTENANCE
TRIBALE CENTRE-SUDESQUE MONTE DANS SES VEINES ET SE MÊLE
AUX RELENTS DE SA
SAVANE NATALE.

IL PEUT DONC RENTRER CHEZ LUI, LES YEUX MOUILLÉS D'EUPHORIE DANS SON TOUT NOUVEAU SPACIEUX CONDO...

...ACHETÉ À FORT PRIX, MAIS COMBIEN AGRÉABLE, CAR IL SAIT QUE DANS MOINS DE 123 ANS, IL AURA FINI DE LE PAYER!

ET COMME LE DISAIT ZARATHOUSTRA, "C'EST QUAND TU COMMENCES À RESSEMBLER À TOUT LE MONDE QUE TU SAIS QUE TON MILLE-FEUILLE EST DANS LE GARAGE".

C'EST SUR CES PAROLES D'UNE SAGESSE INFINIE QUE NOUS LAISSONS NOTRE MONSTRUEUX AMI, MAINTENANT PARTIE PRENANTE DE LA COMMUNAUTÉ, CAR DORÉNAVANT QUAND IL ENTENDRA "CENTRE-SUD", IL POURRA FIÈREMENT S'ÉCRIER "JE!".

Du même auteur

Gonades cosmiques, Zone convective, 1997
My Life as a Foot, Conundrum Press, 2007
« Gump Worsley était un plat régional patagonien » (avec Denis Lord), dans *Le démon du hockey,* Glénat Québec, 2011

Du même éditeur

Yves, le roi de la cruise, Alexandre Simard et Luc Bossé, 2010
Apnée, Zviane, 2010
Motel Galactic, Pierre Bouchard et Francis Desharnais, 2011
Mile End, Michel Hellman, 2011
Phobies des moments seuls, Samuel Cantin, 2011
Pain de viande avec dissonances, Zviane, 2011
Glorieux printemps, tome 1, Sophie Bédard, 2012
Motel Galactic 2 : le folklore contre-attaque, Pierre Bouchard et Francis Desharnais, 2012
Glorieux printemps, tome 2, Sophie Bédard, 2012
Motel Galactic 3 : comme dans le temps, Pierre Bouchard et Francis Desharnais, 2013
Vil et misérable, Samuel Cantin, 2013
Les deuxièmes, Zviane, 2013
Croquis de Québec, Guy Delisle, 2013
Glorieux printemps, tome 3, Sophie Bédard, 2013

RECYCLÉ
Papier fait à partir
de matériaux recyclés
FSC® C100212

Chroniques du Centre-Sud a été achevé d'imprimer en mars 2014 par l'imprimerie Gauvin.
www.editionspowpow.com